DÍLVIA LUDVICHAK
ILUSTRAÇÕES: SIMONE MATIAS

LUIZ LUA GONZAGA ESTRELA

O Rei do Baião

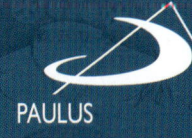

Dados Internacionais de Catalogação na Publicação (CIP)
(Câmara Brasileira do Livro, SP, Brasil)

Ludvichak, Dílvia
    Luiz lua Gonzaga estrela / Dílvia Ludvichak; ilustrações Simone Matias. – 1ª ed. – São Paulo: Paulus, 2014. – Coleção Brasil.

    ISBN 978-85-349-3938-6

    1. Biografia em Cordel 2. Gonzaga, Luiz 1912-1989 - Biografia 3. Literatura de cordel - Brasil 4. Música popular - Brasil, Nordeste 5. Músicos brasileiros I. Matias, Simone. II. Título. III. Série.

14-03061   CDD-398.20981

Índice para catálogo sistemático:
1. Luiz Gonzaga na literatura de cordel: Folclore 398.20981

Direção editorial
Claudiano Avelino dos Santos

Coordenação editorial
Alexandre Carvalho

Diagramação e capa
Marcelo Campanhã

Revisão
Mario Roberto de M. Martins
Caio Pereira
Iranildo Bezerra Lopes

Impressão e acabamento
PAULUS

Seja um leitor preferencial PAULUS.
Cadastre-se e receba informações sobre nossos lançamentos e nossas promoções: paulus.com.br/cadastro
Televendas: (11) 3789-4000 / 0800 016 40 11

Coleção BRASIL

Luiz lua Gonzaga estrela: o Rei do Baião, Dílvia Ludvichak
Cacilda Beccker, Manuel Filho
Mazzaropi: um jeca bem brasileiro, Dílvia Ludvichak

1ª edição, 2014
4ª reimpressão, 2024

© PAULUS - 2014

Rua Francisco Cruz, 229 • 04117-091 – São Paulo (Brasil)
Tel.: (11) 5087-3700
paulus.com.br • editorial@paulus.com.br

ISBN 978-85-349-3938-6

Para meu pai, Dirceu, com quem aprendi a gostar de música e, sobretudo, da música caipira.
Para todos os nordestinos espalhados pelo Brasil, por sua alegria, garra e sensibilidade.
Para todos os artistas, poetas, músicos e cantores, conhecidos ou não, que fazem o Brasil bem mais bonito, por causa da sua arte.
Para Dominguinhos, por sua vida, por sua arte, por sua brasilidade.

"Só pra não esquecer dele"
- um causo -

Era aniversário do Gonzagão.
Teve até um baita dum bolo de cobertura branca, repartido naquele bar de beira de estrada, numa festa improvisada em homenagem ao cantador nordestino, que só sabia andar por este país, pra ver se um dia descansava feliz (como na toada do Hervê Cordovil).
Cantaram Parabéns a você num coro convidativo ao público presente, sem nenhum custo de entrada. E com a sobra de quase a metade do referido bolo, seguiram viagem levando o resto do dito-cujo no porta-malas do carro.
Gonzagão, cansado, deita a sua cabeçona nordestina no banco de trás e adormece para sonhar naturalmente com Zé Dantas e Humberto Teixeira.
Eis que numa reta do caminho surge um guarda rodoviário fazendo aquele famoso sinal de encostar, para a verificação de documentos etc. e tal.
O motorista do velho Lua mostra a sua carteira vencida, o guarda diz que esta é uma infração imperdoável e que, infelizmente, vai guinchar o carro.
O motorista, nervoso, resolve apelar para a fama de celebridade do velho "Lua" Gonzaga e o acorda.
— Seu Luiz? Seu Luiz? Acorda pelo amor de Deus. O guarda pegou a gente.
Ao que o velho Lua, apenas virando-se para o outro lado pra continuar o belo sonho, ordena com seu sotaque nordestino inconfundível:
— "Oh xênte"... Dê um pedaço de bolo a ele.

Rolando Boldrin

"Meu nome é Luiz Gonzaga, não sei se sou fraco ou forte,
só sei que, graças a Deus, té pra nascer tive sorte,
apois nasci em Pernambuco, o famoso Leão do Norte.
Nas terras do novo Exu, da fazenda Caiçara,
em novecentos e doze, viu o mundo a minha cara.
No dia de Santa Luzia, por isso é que sou Luiz,
no mês que Cristo nasceu, por isso é que sou feliz."

Luiz Gonzaga

"O nordestino é, antes de tudo, um forte."

Euclides da Cunha

O VELHO, LUA, TAL COMO O ASTRO LUA, TAMBÉM TEVE AS SUAS FASES.
TEMPOS DE RENOVAR, DE COMEÇAR NOVAMENTE.
OUTROS TEMPOS DE ESPERAR, ASSIM COMO DORME A SEMENTE.
MAS TALVEZ A FASE COM QUE MAIS SE PAREÇA SEJA
A DA LUA CRESCENTE.
A FASE QUE NUNCA ESTÁ PRONTA, DO JEITO QUE É COM A GENTE.

LUA NOVA
TEMPO DE RENOVAÇÃO

Oh, vem, lua, brincar no meu quintal.
Faz reluzir, sobre a relva, a planta,
e tudo o mais, teu brilho sapeca.
Lua nova mistério, segredo.
Lua de possibilidades vem brincar.

Do *casório* de um sanfoneiro, respeitado na região,
Com uma *sertaneja* prendada, flor singela do sertão,
Nasceram nove *bacuris*, enfeitando a união.
Januário e Santana, até nos gostos combinaram.
E aos filhos transmitiram o amor à arte e ao trabalho.

Era o ano de 1912, o dia, 13 de dezembro.
A cidade era Exu, estado de Pernambuco, a terra do *frevo*.
Nasce um menino danado, sapeca que só se vendo.
De pele acastanhada, saúde de vender na rua,
Chegou Luiz! *Cabra* miúdo, com cara e destino de lua.

Na cultura popular, para quem acredita em superstição,
O dia era propício pra "causos" de assombração.
Mas aquela sexta-feira treze era muito especial.
Não havia nada de estranho, era a estreia do Rei do Baião.

Era tempo de *danação*, a seca ardia em todo canto.
E a natureza, se pudesse, partiria do sertão.
Gente, rio, bicho e plantação, era a vida que se esvaía,
Como a areia, corre da mão.

Mas a chegada de uma criança é sempre sinal de esperança
E a chegada de Luiz foi assim.
A estiagem daria uma trégua, e a chuva, tão generosa,
Haveria de cair.

Dar "nome de santo" ao filho era um jeito bem conhecido
De uma homenagem prestar.
Não importava qual era o santo, nem que o nome causasse espanto,
Na hora de batizar.

Nesse caso, era Luzia, a santa daquele dia
Em que nascera o menino.
Então, Luiz, nome forte, por demais bonito,
Nem *carecia* apelido, e ninguém iria mangar.

Mas também era quase Natal,
E uma data tão especial, como não considerar?
Nasceria Jesus Menino, e o filho, pequenino,
Também iria lhe homenagear.

Então o pai, bom de invento,
decretou que NASCIMENTO haveria de "botar".
GONZAGA foi sugestão do vigário da região,
Melhor não contrariar.

Luiz Gonzaga do Nascimento.
Guardem bem esse momento,
Todo mundo há de lembrar.

Teve gente que testemunhou
o desabafo da mãe angustiada:
— Eu só fiz foi dar a vida, colocar o menino na estrada.
Falou, num suspiro profundo:
— Esse menino será do mundo, e não há de ter parada.

Santana já sabia, coração de mãe não mente.
Antes do próprio filho, é ela primeiro que sente.
E foi com esse destino, tecido desde menino,
que Luiz se enredou para sempre.

Entre a enxada e a música, estradas foram se abrindo.
Cada filho que ia crescendo, ia se pondo a caminho.
Filhos são como os dedos da mão.
São partes de um mesmo membro, mas cada qual com a sua distinção.

LUA MINGUANTE
TEMPO DE ESPERAS

A lua que se recolhe, acolhe em si um tanto de medos e de sonhos.
Um tempo para esperar. Quem espera se prepara.
Algo de novo haverá de enluarar.

Quando se nasce pobre — como se diz, sem eira nem beira —,
Não há tempo para *pasmaceiras*, arruaças e brincadeiras,
Bem cedo é preciso crescer.
Brincar? Se sobrasse tempo.
E Lua, ainda criança, adormeceu na esperança... e foi vivendo.

Não tardou pegar na *enxada*,
peleja herdada dos pais.
Arar a terra, *lidar* com o gado,
do sustento, correr atrás.

Há coisas que não se explicam,
Mas nem carece explicação.
Um povo que tem a luta como predestinação.
Ter DESTINO no nome faz do NORDESTINO um forte,
De fortes, uma nação.

Assim, Luiz crescia, e na dureza da vida aprendia
lições de muito valor.
Mas era nas horas de alegria que Luiz se refazia,
e a música foi seu primeiro amor.

Foi de olhar o pai tocando, tanto *fole* concertando,
que Luiz foi se encantando, tamanha era a fascinação.
E quando menos se esperava, Lua já se engraçara pela
sanfona, com paixão.
De sanfoneiro substituto, o pequeno Lua, astuto, descobriu
a profissão.

Mas viver só da sanfona, sem outra *aperreação*,
era quase *samangar*, a mãe não deixava, não.
E Luiz se encheu de coragem
e não temeu intimidação.
Mesmo com a *arenga* da mãe, assumiu-se sanfoneiro,
e animava, faceiro, de seresta, a procissão.

Da zabumba e do triângulo,
ele nunca abriu mão,
Para esse trio *arretado*, cantar não dava trabalho,
E todo dia era São João.

Luiz, ainda menino,
percebeu, em seu destino, um pouco do seu sertão.
A mesma terra que guarda o fruto também enfrenta *estiagens*,
como no terreno do coração.

Quando seus olhos pousaram sobre uma bela menina,
não quis outra coisa na vida, foi a sua perdição.
Foi por causa de Nazarena que Luiz entrou em cena,
No palco da tal da paixão.

ECLIPSE LUNAR
TEMPO DE ENCANTAMENTO

Que confusão fez-se agora, a lua que ora era, ora foi-se embora.
É esse não-saber que a alma fascina, mistura e faz cores, outras que antes não eram.
Um tempo para encantar-se.
Vem, LUA MENINA, me dá a sua mão.

Lua Nova, cheia e minguante.
Lua crescente e vibrante.
Luas que invadem a alma, fazendo os de casa, hóspedes, viajantes...

...Mas quando se viu rejeitado pelos pais de seu amor,
Entendeu que o preconceito
fere a alma do sujeito e *aperreia* o coração.

Encheu-se então de coragem e foi tirar satisfação.
Mas seu gesto abusado pela mãe foi reprovado,
Apanhou, e foi humilhado,
e decidiu arribar do sertão.

LUA CRESCENTE
TEMPO DE SUPERAR OBSTÁCULOS

Lua que não cabe em si, como a barriga da mãe que espera o seu bebê.
Lá dentro, guarda, aguarda o rebento.
Cresceu, cresceu, chegou a hora. A vida agora será cá, do lado de fora.

Alistou-se no exército,
e lá serviu com capricho e zelo,
viajando pelo Brasil na condição de *corneteiro*.

E nas horas que lhe sobravam,
na sanfona se aconchegava, pois dela nunca largou.
Também, como poderia esquecer-se dela um só dia,
seu consolo na dor?

E foi com ela, a sanfona amiga,
que sempre lhe deu *guarida*,
que Luiz deixou o sertão.

Nas terras então distantes,
em que Luiz decidiu se estabelecer,
cantava de tudo um pouco, mas sem muito convencer.

LUA CHEIA
TEMPO DE AMADURECER

Lua plena, clara, toda lua.
Quanta claridade. Clareia e ofusca as certezas.
Clareia, clareia, e finalmente clarifica as ideias, as escolhas, e ainda ilumina a estrada.
A mesma lua que confunde o que caminha, garante que ele caminhe sem tropeçar, sem errar.

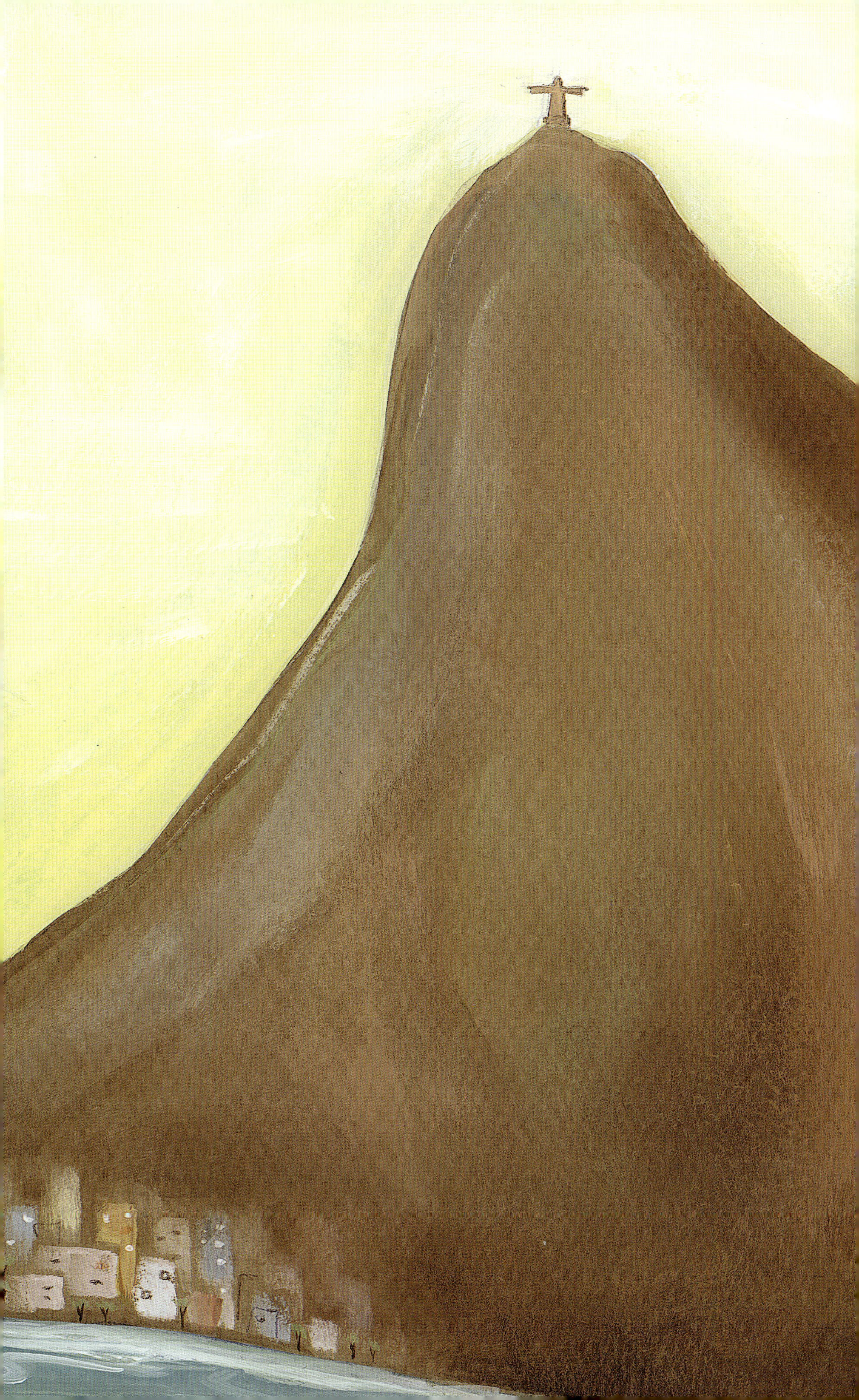

Lá no fundo, Lua sentia que a música que ele fazia não tocava coração.
Faltava um ritmo diferente, que agradasse toda a gente.
Faltava mesmo era emoção.

Foi tanta a dificuldade, tanta foi a solidão
Que Lua por vezes sumia, como a lua na escuridão.
Mas tudo foi importante, até mesmo esse sofrer.
Como poderia Lua descobrir seu próprio destino sem antes se conhecer?

Até mesmo os companheiros da noite, seus bons parceiros, comentavam por aí:
— Fazer-se Lua um estrangeiro, sendo ele um brasileiro, não haverá de funcionar.
— Ele é um pioneiro, a alma lhe fez faceiro, só precisa se arriscar.
E foi buscando seu próprio jeito, sua arte, seu trejeito, que Lua pôde brilhar.

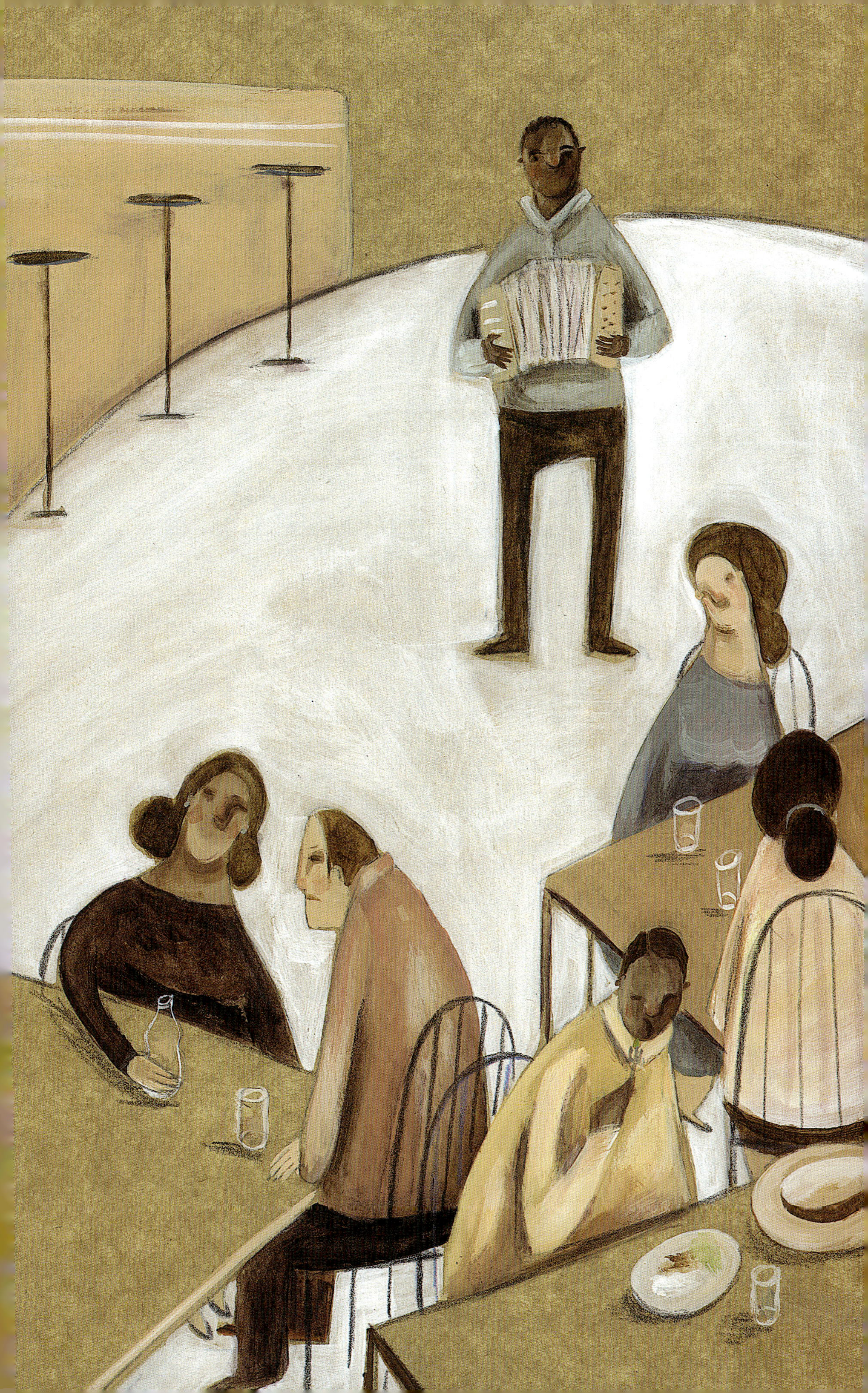

Por sugestão de um conhecido, que antes o tinha ouvido,
Lua resolveu experimentar.
— Toque as músicas lá do sertão, forró, xaxado, baião. Bota o povo pra dançar.
É isso que está faltando, e imitar fulano ou sicrano não vai em nada ajudar.

E Lua seguiu o conselho.
— Eu sou mesmo um sanfoneiro, sou filho lá do sertão.
Fazer o caboclo feliz é que é a minha missão.
Tanto faz se canto ao vivo, na rádio, ou na televisão.
Onde quer que eu esteja, levo comigo o baião.

Voltou a se vestir como antes,
chapéu de couro, *alpercata* e *gibão*, inspirado no *Rei do Cangaço*, *Virgulino, o Lampião*.
Foi desse jeito que Lua
conheceu a tal da fama e virou o *Rei do Baião*.

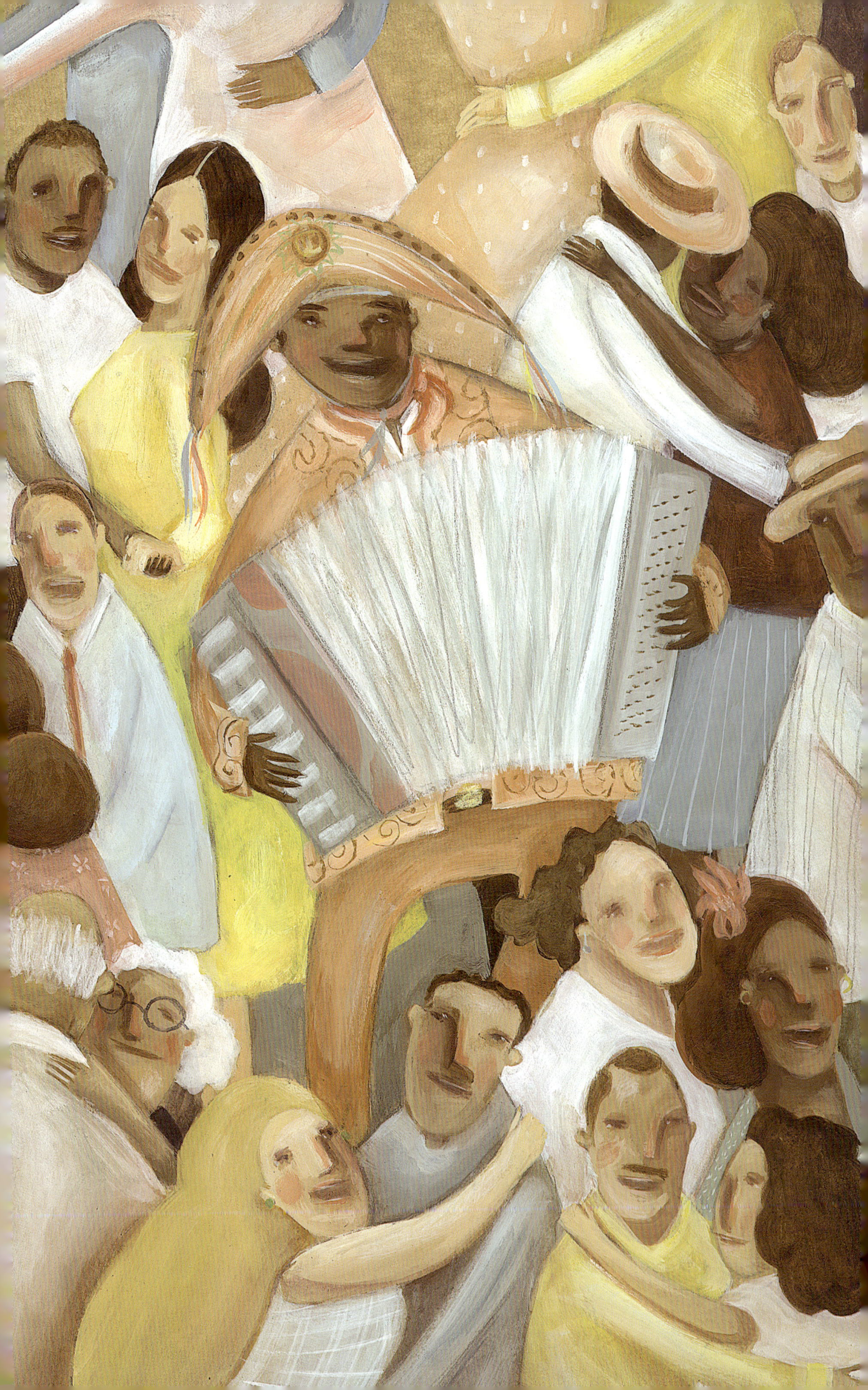

Em suas composições,
Lua nunca esquecia de mandar o seu recado.
Falar das tristezas e dificuldades,
mostrar para as pessoas da cidade a verdade do seu sertão.

Se não há água, cadê a vida?
Num sertão em que não há ser, como ser-tão?
A água que cai aqui, por que por lá não cai não?
Igualdade, justiça e respeito. Clamores do rei do baião.

Sua música, além da alegria,
tinha verdade, tinha ousadia, mas tinha muita compaixão.
Lua inaugurou um jeito novo, fez poesia da dor do seu povo,
Fazendo chover esperança na dura aridez do sertão.

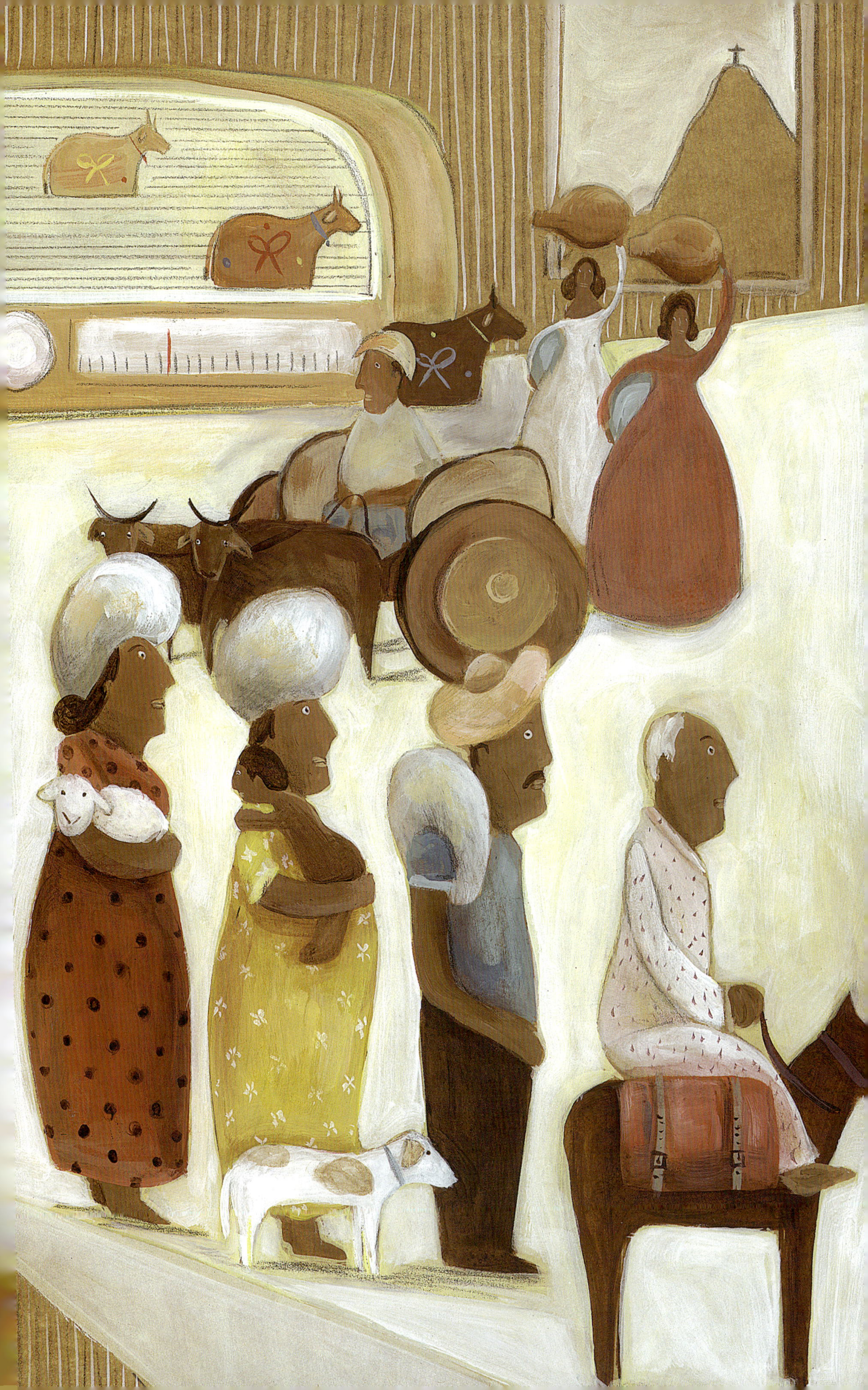

E o Rei do Baião conheceu tanta gente, com tanta gente ele cantou.
Gente simples, amigos da terra, e também cantou com doutor.
De Zé Ramalho a Dominguinhos, quem viesse pelo caminho
Com ele podia cantar.
Humberto Teixeira, Gal Costa e Sérgio Reis, todo cantor que se prezasse
Queria ter a sua vez.

Lua nunca se fez de *rogado*, não escolhia o que tocar.
De todo canto tirava música, até do *cafundó*.
Xote, baião, xaxado ou forró,
Dança que se dança junto e dança que se dança só.

Seu legado, tão grandioso — seu moço, digo com gosto —, nunca há de ser em vão.
Sua marca, sua música, seus filhos do coração.
Rosinha e Gonzaguinha dividem o pai que tiveram com toda a nossa nação.

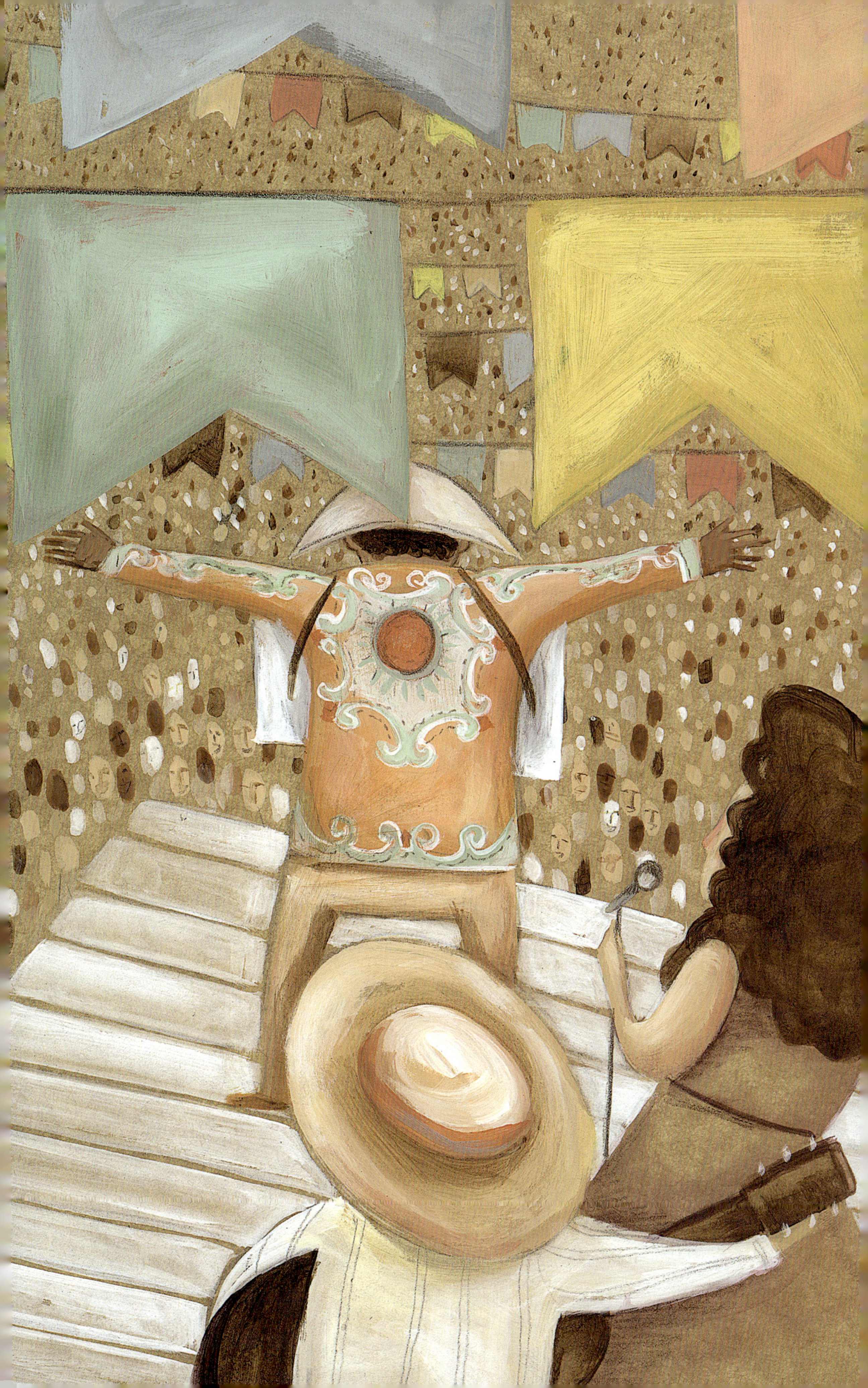

Dos muitos feitos de Luiz Gonzaga e dos orgulhos que tinha,
Um deles era ser nordestino, o outro se chamava Luiz Gonzaga do Nascimento Junior,
Ou somente Gonzaguinha.
Se era filho adotivo, ao certo ninguém sabia, mas apesar das desavenças, a música
Era o que os unia.

Gonzaguinha tinha talento, mas se sentia incompreendido.
Por causa de suas atitudes, muitas vezes foi mal entendido.
Suas canções eram duras críticas, não falavam de amor.
E a sua postura rebelde lhe rendeu o apelido de cantor-rancor.

Com Lua travou grandes batalhas, e muitas vezes enormes distâncias.
Carregou por toda a vida as mágoas de sua infância.
Só mais tarde, quando veio a maturidade,
Pai e filho se aproximaram, cada qual com a sua verdade.

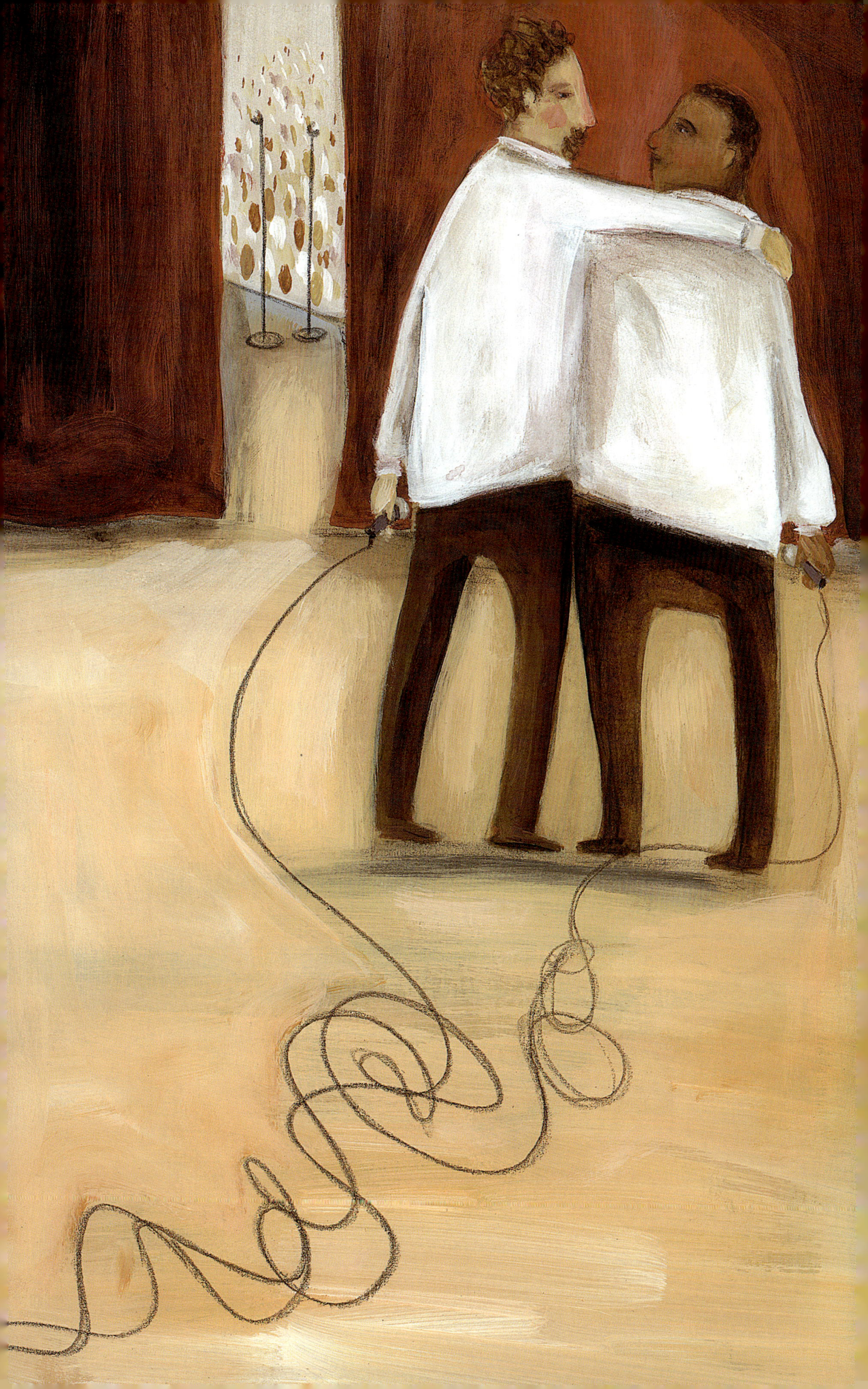

Um rei sem coroa e sem reinado,
mas um rei que amou sua cultura
e dela nunca se envergonhou.
Essa foi sua realeza,
a que não se corrompe, como falsa riqueza,
mas a que só junta que tem amor.

E o LUA, Corneteiro,
Se fez da LUA um *cancioneiro*.
Na LUA um sanfoneiro.
Foi LUA um brasileiro.

Ao longo da vida do velho LUA, também ocorreram "eclipses lunares".
Algumas vezes, na umbra, outras, na penumbra, LUA escolheu viver.
Só pessoas verdadeiramente livres, mesmo quando não são vistas,
Nunca deixam de ser.

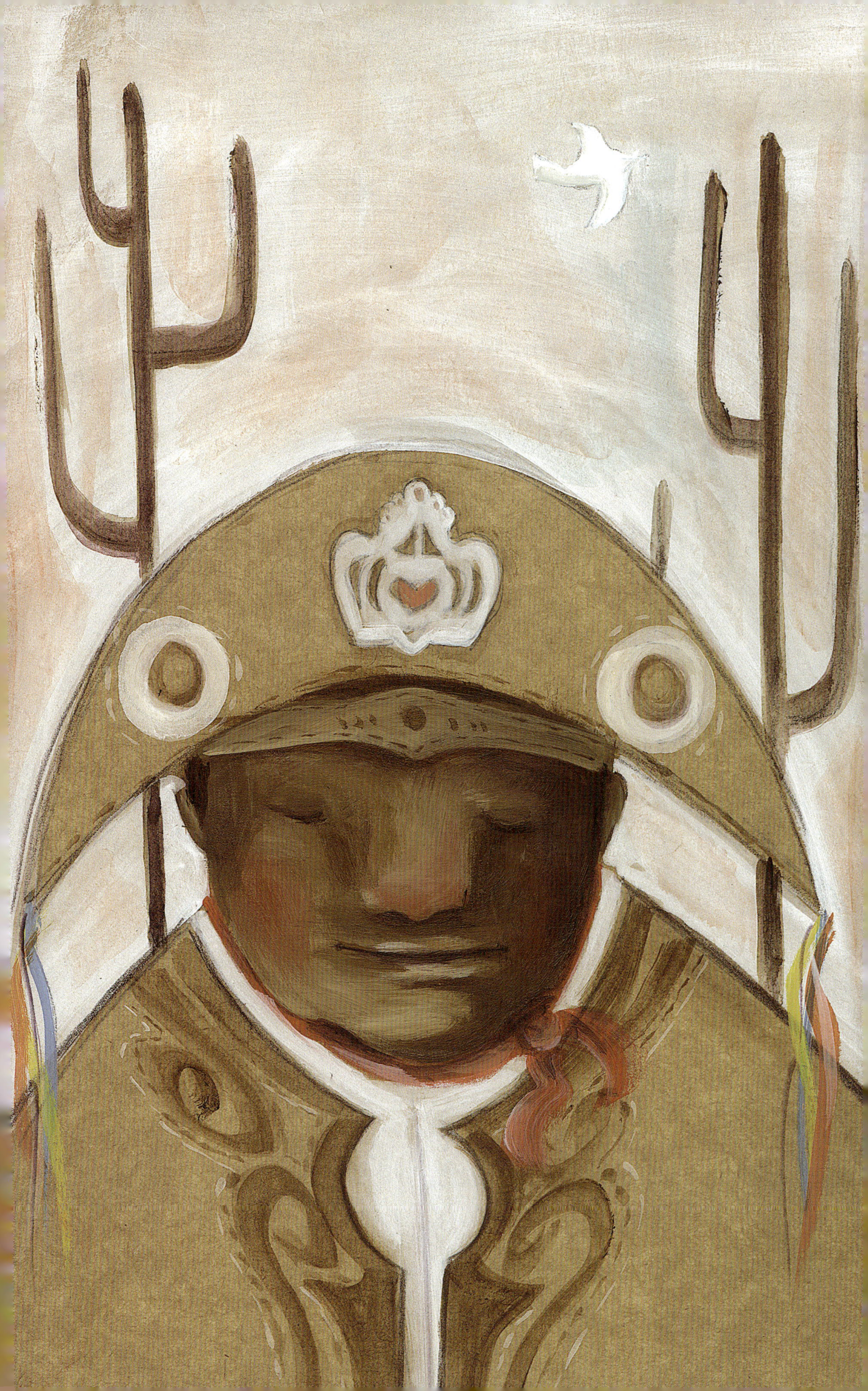

Nas andanças de Luiz Gonzaga, tantas foram as estradas até a volta a Exu.
Por onde o rei passou, os amigos que conquistou, tudo ficou guardado.
Mas foi lá, no seu estado, que Lua quis sossegar.
Tantos shows, tantas histórias, tesouros de sua memória, um tempo pra descansar.

De volta ao passado, como tudo começou.
Quando Lua, ainda moço, pela sanfona se encantou.
Como filho que à casa retorna, para os que muito amou.
Só que Lua não era o mesmo, trazia consigo o peso de ser a voz do sertão.

Na mala, não muita coisa, riqueza quase nenhuma.
Só o brilho de uma carreira que se fez de sonho, talento e coragem.

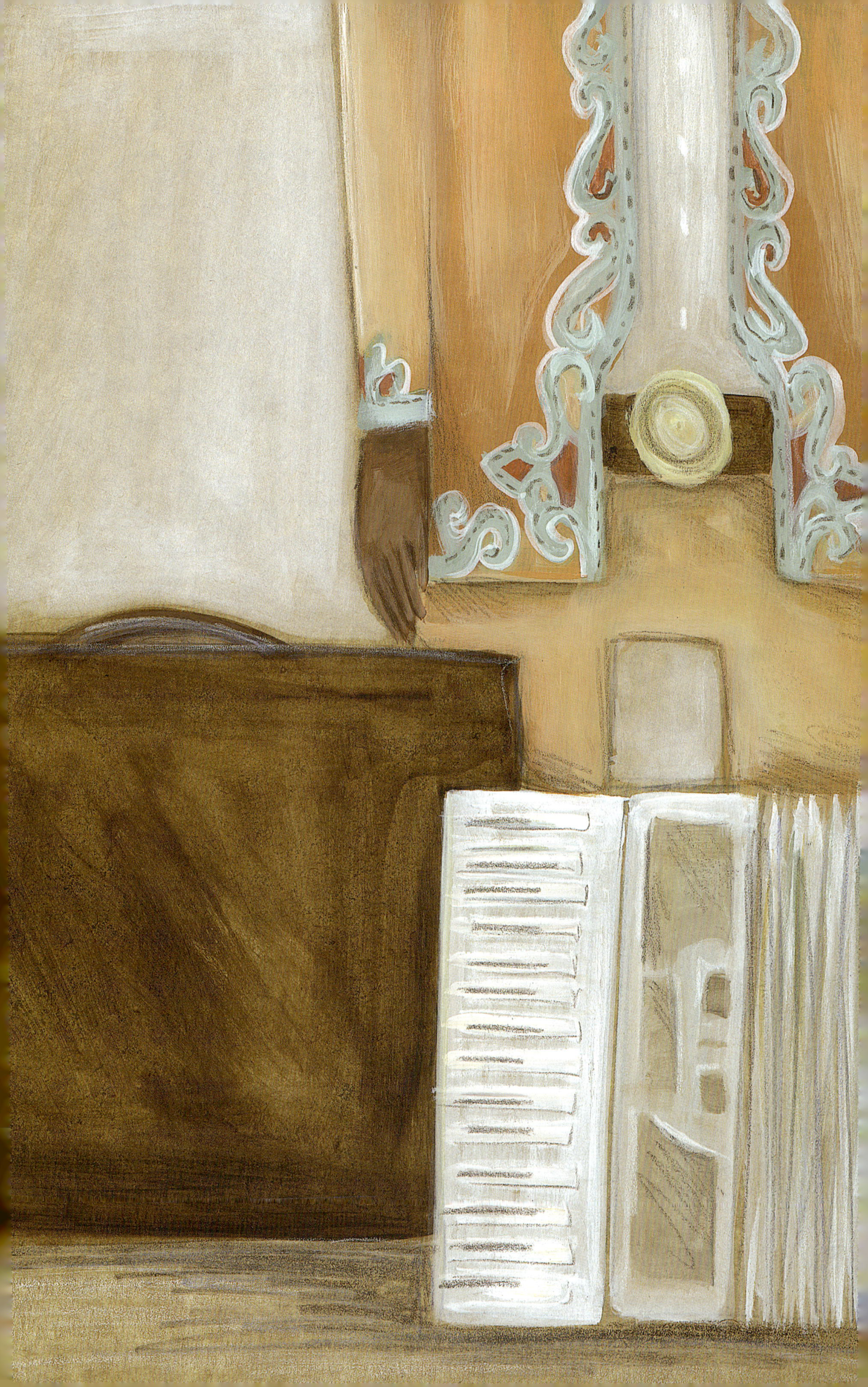

LUA NOVA OUTRA VEZ

Bom mesmo é começar.
Começa sempre quem tem e conta histórias.
Era uma vez... A lua que termina NOVA, que ninguém pode dizer saber.
Lua NOVA — VELHA. Duas mulheres que alegremente conversam na janela.
E passa a rua, para o tempo, passam pessoas, e ficam histórias.

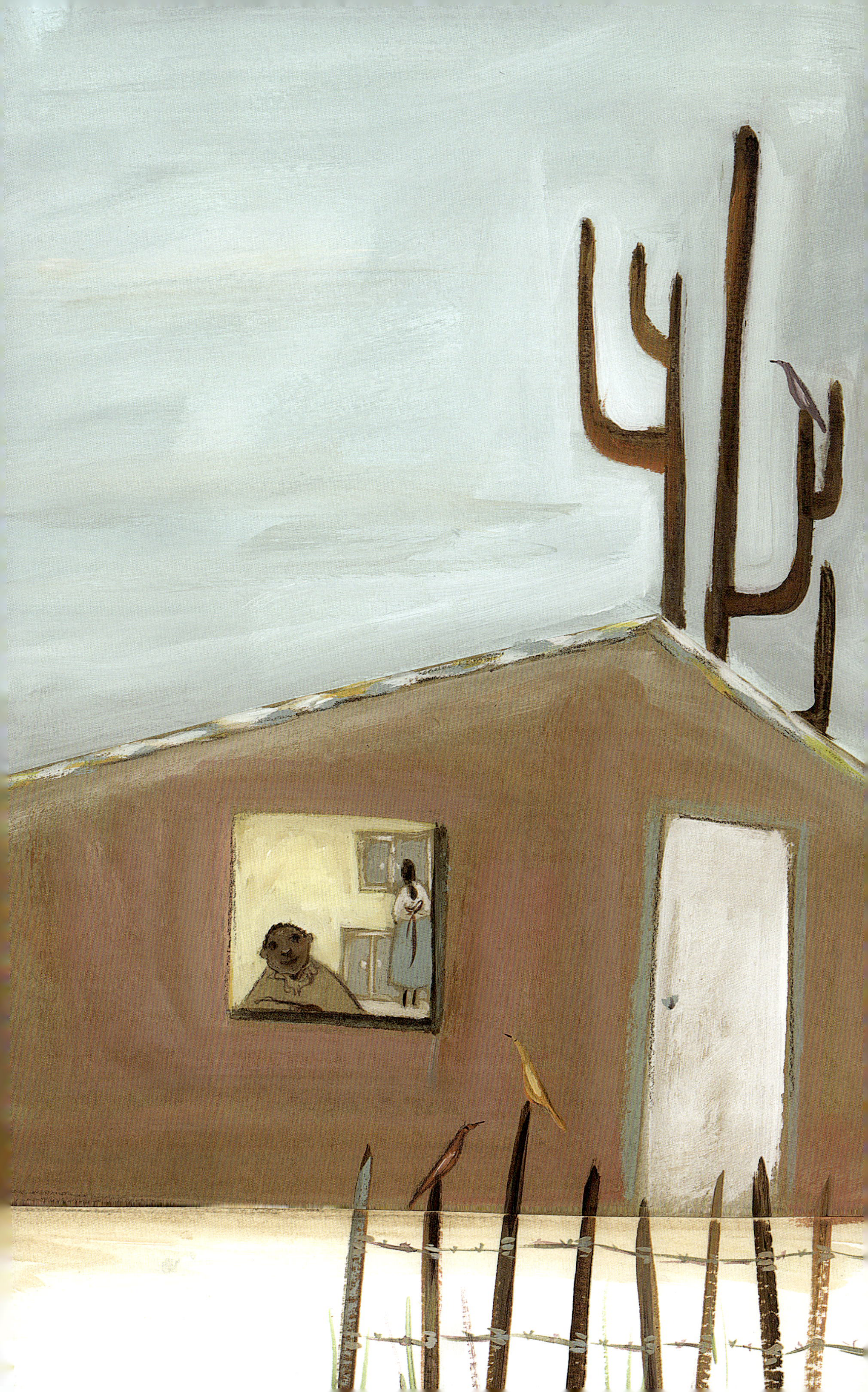

Era o ano de 1989, o dia, 2 de agosto.
O país era Brasil, e foi dia de muito desgosto.
O mesmo menino danado que tinha saúde de vender na rua
Seguiu seu caminho.
Partiu Luiz, o rei do baião, cumprindo seu DESTINO de ser LUA.

Quando a LUA sai de cena, é para inaugurar um novo dia.
E de deixar o palco para outros Luiz bem entendia.
Importa mesmo é o que se deixa, e
Quando Lua foi-se embora, nos segredou a alegria.

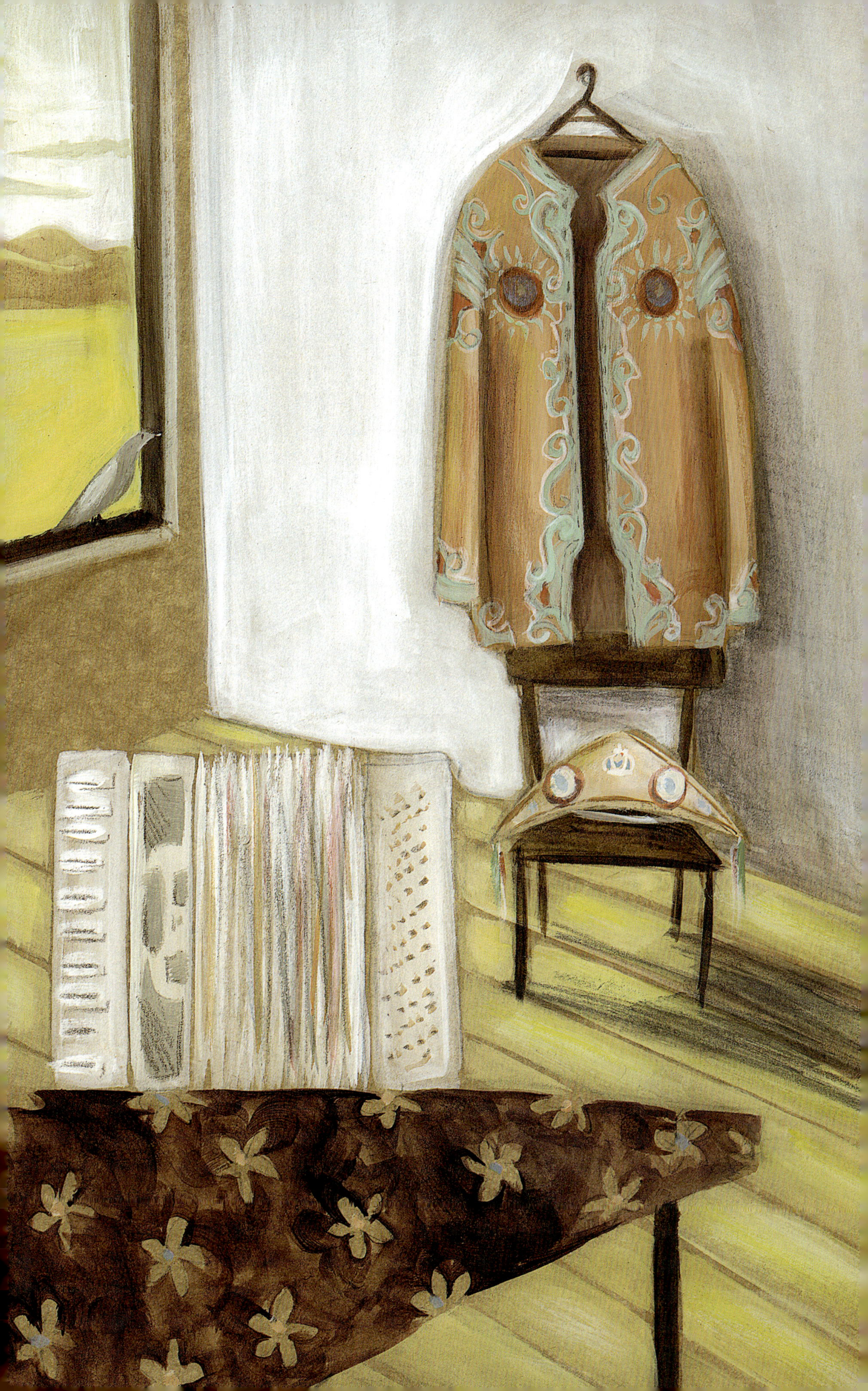

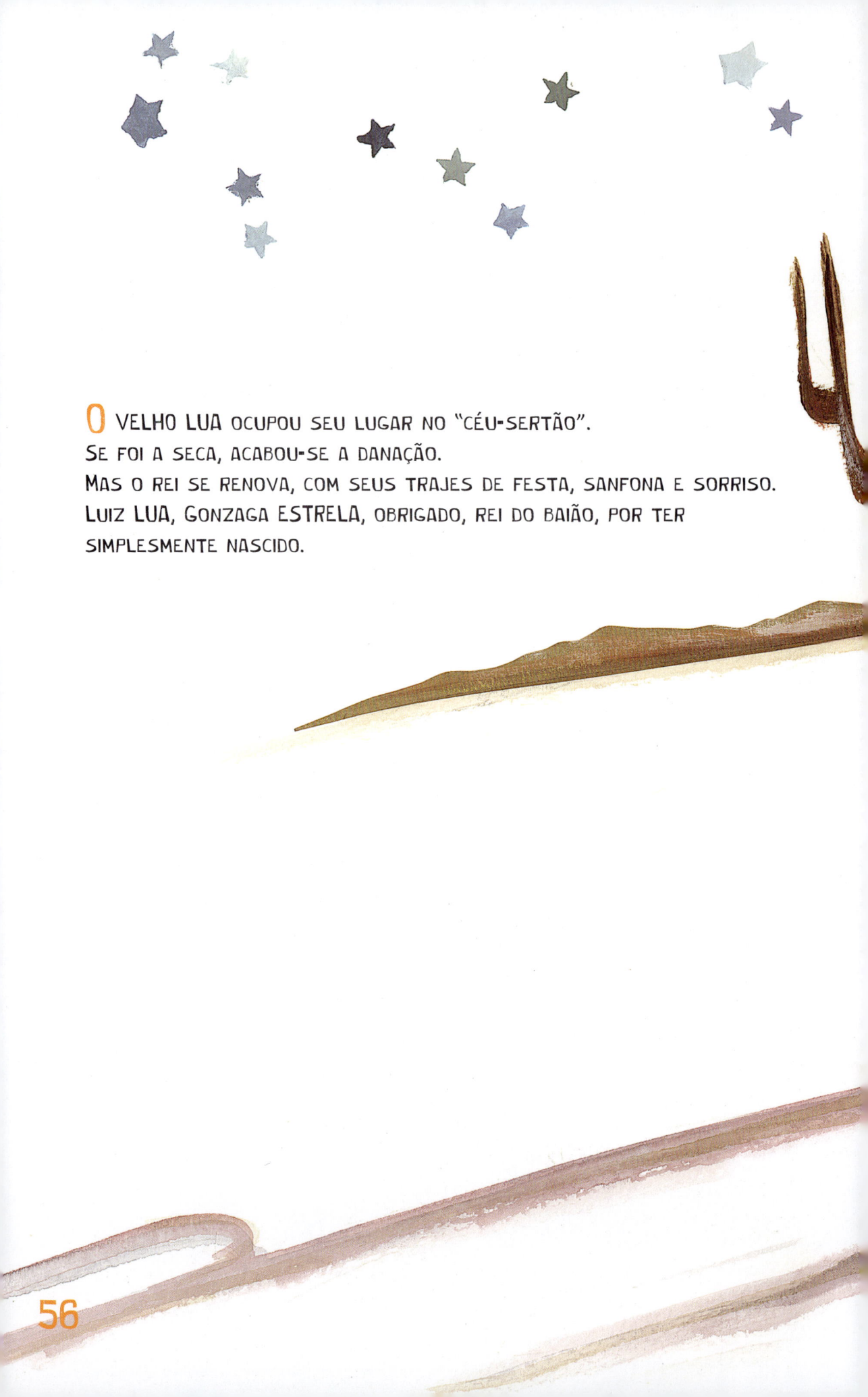

O VELHO LUA OCUPOU SEU LUGAR NO "CÉU-SERTÃO".
SE FOI A SECA, ACABOU-SE A DANAÇÃO.
MAS O REI SE RENOVA, COM SEUS TRAJES DE FESTA, SANFONA E SORRISO.
LUIZ LUA, GONZAGA ESTRELA, OBRIGADO, REI DO BAIÃO, POR TER SIMPLESMENTE NASCIDO.

(...)
Foi-se embora a Asa Branca
Lá pro céu ela levou
O poeta de alma franca
Que todo mundo cantou
Meu Padrinho Padim Ciço
Faça dele um acessô
Morre o homem, fica o nome
E o nome dele ficou.

O adeus da asa branca
(Dalton Vogeler)

Expressões nordestinas

ABUSADO Atrevido, enxerido, intrometido.
ALPERCATA Sandália de couro.
ARAR Atividade realizada com a utilização de um arado.
ARENGAR Implicar, discutir, brigar.
APERREAÇÃO Preocupação, agonia.
ARRIBAR Ir embora.
ARRETADO Pessoa corajosa, valente.
ASNEIRA Bobagens, frases ou palavras fora de hora, fora da ordem e sem sentido.
BACURIS Jeito carinhoso de se referir aos filhos.
BAIÃO É um ritmo popular nordestino, popularizado no Brasil por Luiz Gonzaga, conhecido como o Rei do Baião e Humberto Teixeira, conhecido como o Doutor do baião. As composições têm sempre, como inspiração, o cotidiano do sertanejo e a sua realidade.
CABRA Homem ou menino.
CAFUNDÓ Lugar longe, muito distante.
CANCIONEIRO Coletâneas de canções tradicionais de uma região.
CARECER Precisar de algo, necessitar.
CASÓRIO Casamento.
CORNETEIRO Qualificação militar no exército brasileiro.
DANAÇÃO Ato ou efeito de estar sujeito à fúria, condenado.
DOUTOR Um jeito popular de referir-se a quem estudou ou pertence a uma classe mais abastada.
ENXADA Ferramenta utilizada na agricultura.

ESTIAGEM Falta prolongada de chuva.

FOLE Utensílio ou instrumento que serve para produzir vento.

FREVO Um ritmo de dança típica do estado de Pernambuco que se caracteriza pelo ritmo extremamente acelerado com que é dançado.

GIBÃO Vestimenta antiga feita de couro para uso exclusivo dos homens.

GUARIDA Acolhimento, abrigo, refúgio e proteção.

LIDAR Trabalhar.

MANGAR Tirar sarro.

PASMACEIRAS Ausência de ação, mesmice.

REI DO CANGAÇO Nome dado a Virgulino Ferreira da Silva, o Lampião, o cangaceiro mais famoso da história do sertão. A palavra cangaço vem de canga, e canga era uma peça de madeira colocada nas costas dos animais. Antigamente os prisioneiros deviam carregar seus pertences pendurados nas costas, como os animais. Daí o termo cangaceiros.

ROGADO Resistir, ter resistências.

SAMANGAR Estar ocioso, desocupado.

SEM EIRA NEM BEIRA Provérbio que significa não possuir coisa alguma.

SERTANEJO(A) Aquele ou aquela que nasce e vive no sertão.

Para saber mais um pouquinho

Você sabia que existe uma grande variedade de SANFONAS no Brasil? Apesar de aparentemente serem muito parecidas, cada uma delas tem a sua particularidade e é usada para criar determinado tipo de música.

Concertina: Também conhecida por acordeão diatônico. A mesma tecla pode fazer soar duas notas diferentes: uma no abrir e outra no fechar.

Harmônio: Criado em Paris por Alexandre Debain. Aparece também no formato de piano, mantendo o som próximo ao do acordeão.

Acordeão latino: Usado por músicos campesinos na América Central, no caribe.

Gaita ou acordeona: São nomes dados no sul do país. Um artista bastante conhecido é o Renato Borghetti.

Bandoneón: Usado sobretudo por instrumentistas do tango argentino. Nome de expressão mundial: Astor Piazzolla.

Cajun: Cultura do Sul dos EUA influenciada por franceses usa este acordeão em festas populares.

120 baixos: O maior de todos, popularizado no Brasil por Luiz Gonzaga no início dos anos 1950.

Fonte: Estadão.com.br/toninho

Algumas das músicas mais conhecidas

Baião (1946)
Asa Branca (1947)
Siridó (1948)
Juazeiro (1948)
Qui Nem Jiló (1949)
Baião de dois (1950)

Fontes de Pesquisa

Dicionário do Nordeste
Fred Navarro - Editora Estação Liberdade

Dicionário Gonzagueano de A a Z
Assis Ângelo - Editora Parma

Lua Estrela Baião - A história de um rei
Assis Ângelo - Cortez Editora

Memorial Luiz Gonzaga – Recife-PE

Site: luizluaconzaga.mus.br

Filme: Gonzaga - de pai pra filho
Direção: Breno Silveira
Distribuidora: Downtown Filmes

Sobre a técnica de elaboração das ilustrações

São ilustrações desenhadas a lápis e pintadas com tinta acrílica sobre o lado contrário do papel cartão, que tem uma cor marrom escura. Esse fundo dá uma textura diferente para a cor que vem por cima. Em algumas das ilustrações, ele aparece sem pintura.

Foram feitas pesquisas das paisagens de Exu, dos personagens, instrumentos musicais, roupas e biografia do Luiz Gonzaga. Sites, livros e encartes de CDs que davam uma amostra da sua vida em fotos e palavras. As cores foram escolhidas de modo que acompanhassem a atmosfera de cada desenho.

Impresso no verão de 2020.